Mes autocollants

Page 7

Page 9

Page 10

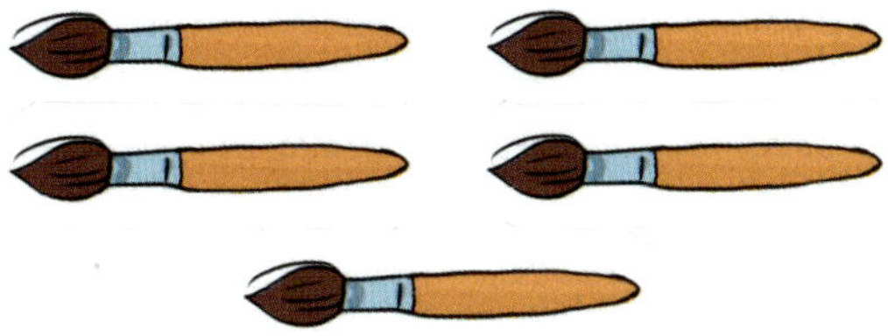

Pages 12-13

Page 15

Pages 20-21

Page 23

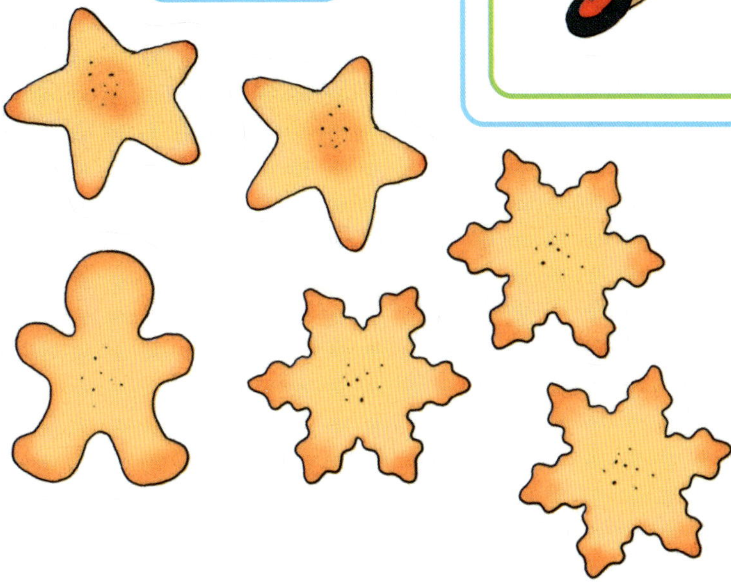

Pages 28-29

Page 27

Page 31

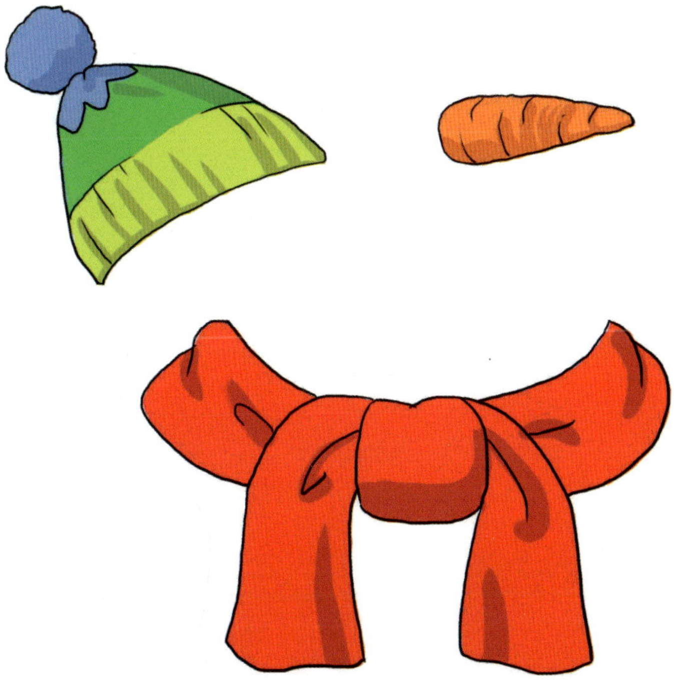

Page 33

E E E E E

Pages 36-37

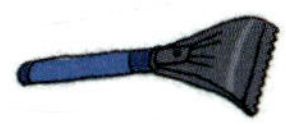

Page 34

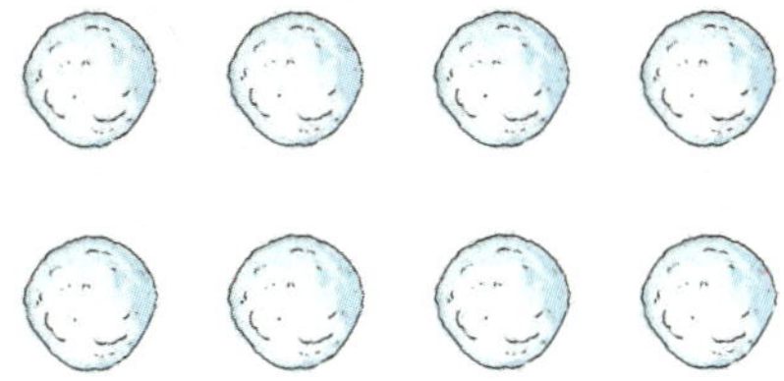

Page 39

Page 41

Pages 44-45

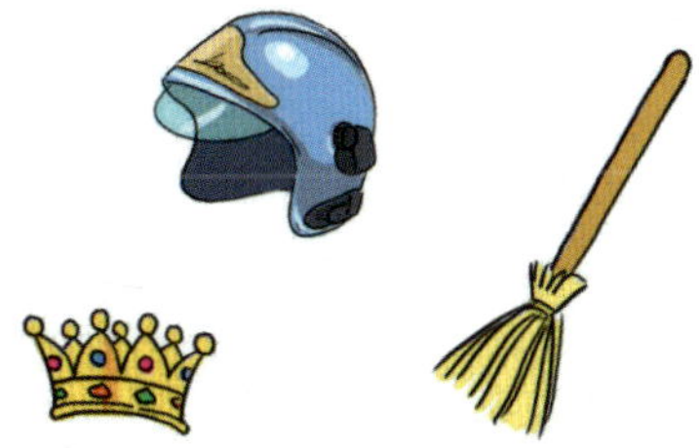

Page 47

Page 50

Pages 52-53

Page 55

Page 59

Pages 60-61

Page 63

Page 66

Pages 68-69

Pages 76-77

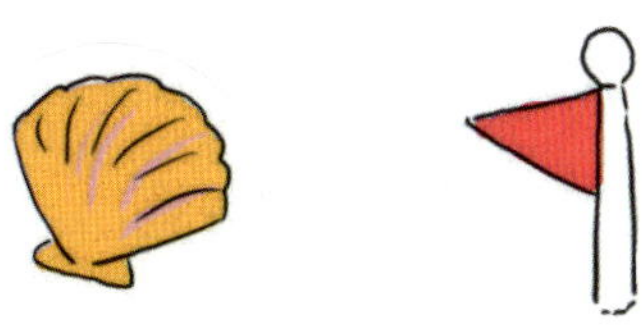

Page 71

SAMi et JULiE

3-4 ans

Mon année de PETITE SECTION

Autrice
Caroline Marcel
Professeure des écoles

Illustrateur
Alain Boyer

hachette ÉDUCATION

Illustrations : Alain Boyer ; sauf scène p. 58 : Céline Théraulaz
Conception graphique de l'intérieur : Mélissa Chalot
Conception graphique et réalisation de la couverture :
Carotte et Compagnie
Mise en page : Audrey Izern
Édition : Barbara Jung

ISBN : 978-2-01-790117-4

www.parascolaire.hachette-education.com

SOMMAIRE

GRAPHISME | LECTURE | MATHS | LOGIQUE

Bien accompagner l'enfant tout au long de l'année

Ce cahier a été spécialement conçu pour guider, stimuler et encourager l'enfant dans ses apprentissages de Petite Section de maternelle.

Les **9 grandes séquences** abordent des thèmes proches des enfants et suivent les temps forts de l'année (la classe, l'automne, Noël, le carnaval, le départ en vacances…) qui aideront votre enfant à mieux se repérer dans le temps.

Découvrez dans ces pages le déroulé d'une séquence complète et comment accompagner au mieux votre enfant dans ses apprentissages.

Des histoires à lire à deux 

Chaque séquence s'ouvre sur une histoire à lire « à deux ». La participation active de l'enfant lui donne l'occasion d'enrichir son vocabulaire et d'intégrer le sens de la lecture de gauche à droite.

Une **histoire à lire à deux** : le parent lit le texte et l'enfant nomme les mots illustrés.

Vive l'école!

Écoute cette histoire et nomme les images.

– Demain, c'est le premier jour d'école, dit Sami à Doudou, et il faudra être très sage. Lever la patte avant de parler, se mettre en rang deux par deux avec les autres doudous, ne pas discuter avec Panda et Dinosaure pendant que la maîtresse te parle et, surtout, ne pas pleurer quand je partirai en récréation. Tu as bien compris?

À quel moment Doudou ne doit-il pas pleurer?

6

Le doudou de Sami

Comprendre une histoire

Pour l'accompagner à l'école, Sami a choisi son ours de toutes les couleurs.
Colle le sac à dos de Sami sous le doudou qu'il va emporter.

Et toi, quel doudou t'accompagne à l'école?

7

Une activité en lien avec l'histoire : lecture d'images, exploration du monde…

Des questions de compréhension pour stimuler le langage.

Plus de 60 activités conformes au programme de Petite Section

Ces activités, simples et ludiques, permettent de travailler les savoirs fondamentaux en lecture, graphisme et écriture, maths et logique.

Des activités de **graphisme** pour réviser les formes préalables à l'écriture.

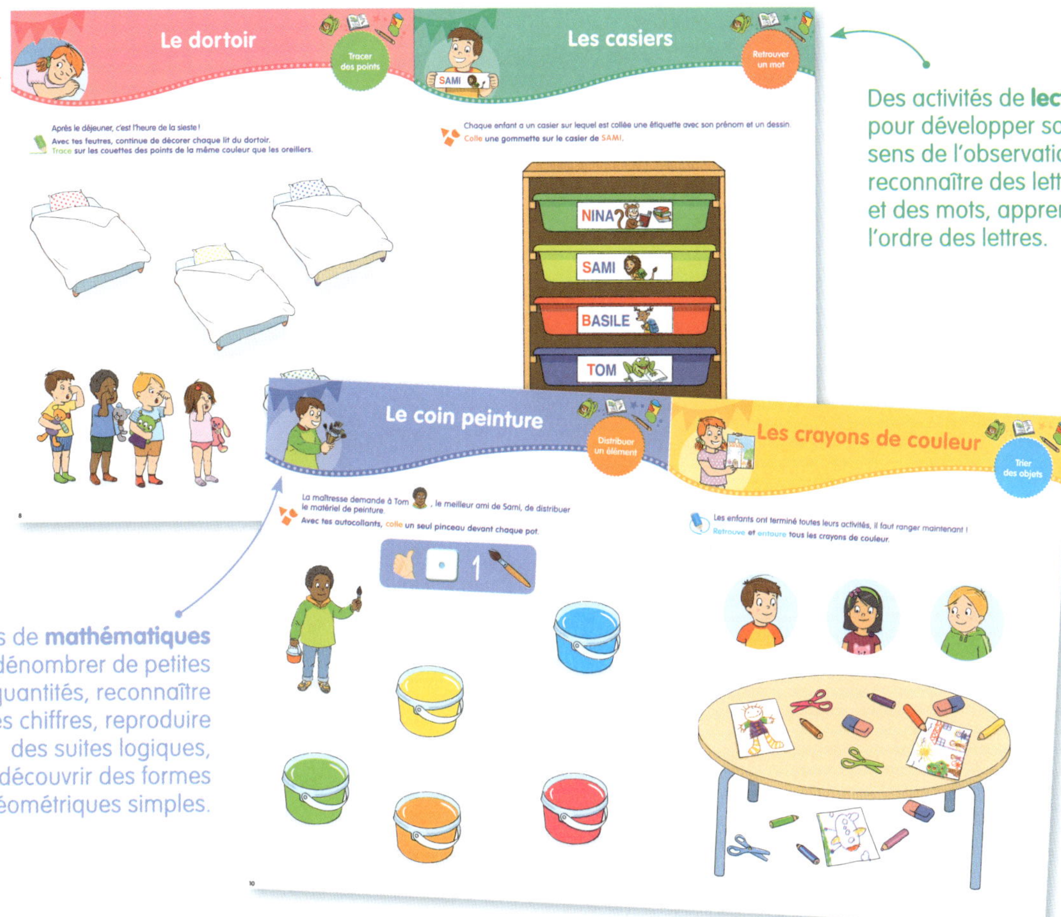

Des activités de **lecture** pour développer son sens de l'observation, reconnaître les lettres et des mots, apprendre l'ordre des lettres.

Des activités de **mathématiques** pour dénombrer de petites quantités, reconnaître les chiffres, reproduire des suites logiques, découvrir des formes géométriques simples.

Des activités de **repérage dans l'espace** et des activités de logique pour apprendre à classer, comparer des tailles, identifier des formes…

Des jeux variés et stimulants

Chaque séquence se termine par une grande double page de jeux.
Elle se compose d'une grande scène à observer et à compléter, d'encarts « Le sais-tu ? » et de nombreuses activités ludiques pour découvrir le monde tout en s'amusant.

Une grande illustration fourmillant de détails à utiliser pour répondre aux questions.

Des questions pour s'amuser et pour réviser des savoirs fondamentaux de manière ludique.

Des « Cherche et trouve » pour apprendre à compter et aiguiser son sens de l'observation !

Doudou se cache dans chaque grande scène, sauras-tu le retrouver ?

Vive l'école!

Écoute cette histoire et nomme les images.

– Demain, c'est le premier jour d'école, dit  Sami

à  Doudou, et il faudra être très sage. Lever la patte avant de parler, se mettre en rang deux par deux avec les autres doudous, ne pas discuter avec  Panda

et  Dinosaure pendant que la maîtresse te parle et, surtout, ne pas pleurer quand je partirai en récréation. Tu as bien compris?

À quel moment Doudou ne doit-il pas pleurer?

Le doudou de Sami

Comprendre une histoire

Pour l'accompagner à l'école, Sami a choisi son ours de toutes les couleurs.

Colle le sac à dos de Sami sous le doudou qu'il va emporter.

Et toi, quel doudou t'accompagne à l'école ?

Le dortoir

Tracer des points

Après le déjeuner, c'est l'heure de la sieste !

Avec tes feutres, continue de décorer chaque lit du dortoir.
Trace sur les couettes des points de la même couleur que les oreillers.

Les casiers

Retrouver un mot

Chaque enfant a un casier sur lequel est collée une étiquette avec son prénom et un dessin.

Colle une gommette sur le casier de SAMI .

Le coin peinture

Distribuer un élément

La maîtresse demande à Tom  , le meilleur ami de Sami, de distribuer le matériel de peinture.

Avec tes autocollants, colle un seul pinceau devant chaque pot.

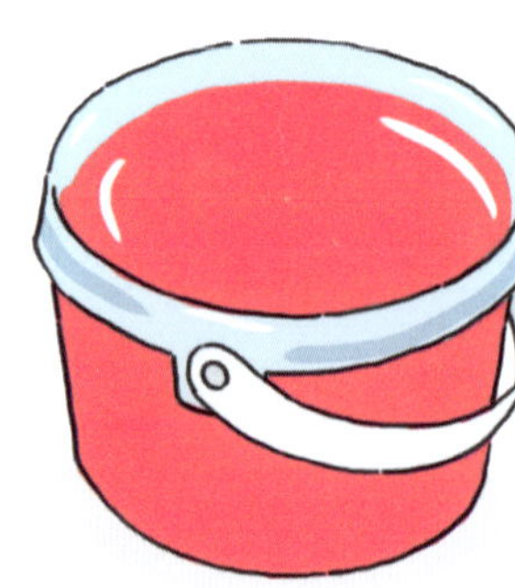

Les crayons de couleur

Trier des objets

Les enfants ont terminé toutes leurs activités, il faut ranger maintenant !

Retrouve et entoure tous les crayons de couleur.

Le sais-tu ?

La récréation est un moment où tu peux jouer avec tes amis, crier, courir, sauter… Tu es libre de choisir tes jeux, mais tu dois toujours respecter les autres et le matériel.

La cour de récréation

Entoure les enfants qui ne connaissent pas les règles de la cour. **Explique** pourquoi.

Colorie en rouge la case de la marelle où se trouve le palet, pour que Julie ne puisse pas sauter dessus.

Avec tes autocollants, **colle** le vélo et la draisienne sur la bonne silhouette.

Cherche et trouve

L'automne !

Écoute cette histoire et nomme les images.

Toute la famille se promène en forêt. Papa explique aux enfants que les feuilles vertes de l'été deviennent rouges, orange et jaunes, puis tombent à l'automne.

– C'est beau ! dit Julie, on dirait qu'il pleut des feuilles.

– Zut, j'ai oublié mon parapluie ! plaisante Sami.

De quelles couleurs deviennent les feuilles à l'automne ?

L'arbre d'automne

Associer des couleurs

En été, les feuilles des arbres sont vertes ; elle deviennent rouges et orange à l'automne.

Observe attentivement ces deux arbres puis, avec tes autocollants, colle les feuilles qui sont tombées au pied de l'arbre d'automne.

Parmi les couleurs des feuilles d'automne, quelle est celle que tu préfères ?

Les bogues

Tracer des traits

Sami et Julie ont ramassé des marrons, mais ils ont fait attention à ne pas se piquer avec la bogue.

Avec tes feutres, trace les piquants de chaque bogue.

Le S de Sami

Retrouver une lettre écrite

Sami a écrit la première lettre de son prénom sur tout ce qu'il a ramassé dans la forêt.

Entoure tous les éléments sur lesquels tu vois un S.

Les petits bâtons

Comparer des grandeurs

Tobi adore jouer à rattraper les bâtons que Sami lui lance. Mais c'est un petit chien, il faut donc lui envoyer des petits bâtons.

Relie à Tobi ceux qu'il pourra rattraper.

La récolte de champignons

Différencier l'intérieur de l'extérieur

Pendant leur balade, Papa et Maman ont ramassé des champignons.

Colorie en orange ceux qui sont à l'intérieur des paniers et en marron les autres.

Le sais-tu ?

Dans la forêt, on peut voir différents arbres.
Chacun d'eux a une feuille et un fruit particuliers.
La feuille du chêne est et ses fruits sont des glands.

Le sais-tu ?

Le haut du champignon s'appelle le chapeau et le bas se nomme le pied.

Dans la forêt

Retrouve le chêne sur l'image et **entoure** les glands sur les branches.

Colle Tobi sur la plus grande souche d'arbre.

Trace le chemin que doit suivre le faon pour retrouver sa maman en suivant les petits cailloux gris.

À qui sont ces empreintes ?

☐ à l'ours ☐ au canard

Cherche et trouve

1 renard

2 hérissons

4 écureuils

5 champignons

Doudou

Joyeux Noël !

 **Écoute cette histoire et nomme les images.**

Pour préparer les  gâteaux de Noël, tout le monde participe.  Julie et  Maman ont mélangé la  farine, l' eau et les  œufs et  Papa a allumé le four.

Papa se tourne vers  Sami.

– C'est bon, tu as fini de casser le  chocolat ?

– Oui, c'était très bon, je l'ai fini,

répond le petit gourmand.

Quels ingrédients sont nécessaires pour préparer les gâteaux de Noël ?

Les assiettes

Classer des formes

Julie place les gâteaux dans des plats en fonction de leur forme.

Avec tes autocollants, continue de ranger en collant les gâteaux au bon endroit.

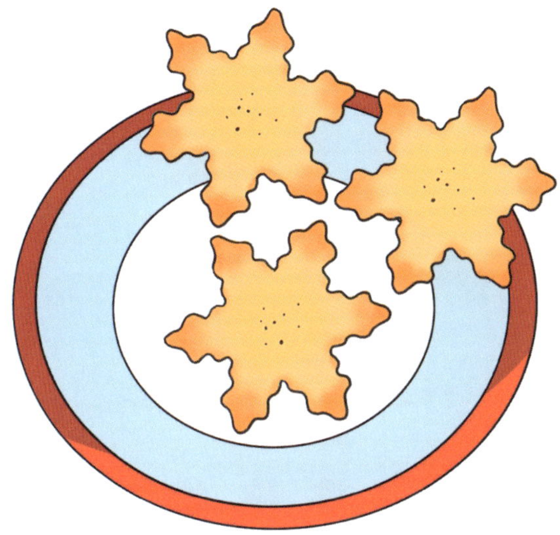

Les chaussettes de Noël

Tracer des traits verticaux

Les chaussettes de Noël de Sami et Julie ne sont pas encore prêtes !

Avec ton feutre rouge, trace des traits verticaux à partir du point rouge jusqu'en bas de la chaussette.

La lettre au Père Noël

Reconnaître la lettre L

Avec l'aide de Papa, Sami et Julie ont écrit une lettre au Père Noël pour commander tous les cadeaux qu'ils souhaitent recevoir.

Entoure les jouets si tu vois la lettre L dans leur nom.

Cher Père Noël,

Sami et moi avons été très sages cette année.
On n'a même pas fait de bêtises !
Alors peux-tu nous apporter tous ces jouets, s'il te plaît ?

BALLON

TROTTINETTE

TABLEAU

TOUPIE

ROBOT

PERLES

TAMBOUR

LIVRE

PUZZLE

Les décorations de Noël

Reconnaître le cercle

Sami et Julie adorent placer les décorations de Noël sur le sapin.
Montre avec ton doigt celles qui ont une forme ronde et colorie-les.

Les guirlandes

Reproduire une suite logique

Julie prépare des guirlandes en alternant une canne de Noël et une clochette.

Termine la seconde guirlande. Colle chaque canne et chaque clochette au bon endroit.

Petit Papa Noël

Petit Papa Noël
Quand tu descendras du ciel
Avec des jouets par milliers
N'oublie pas mon petit soulier

Mais avant de partir
Il faudra bien te couvrir
Dehors, tu vas avoir si froid
C'est un peu à cause de moi.

Le repas de Noël

Nomme les instruments utilisés par Sami et Julie.

Pourquoi Tobi se cache-t-il les oreilles ?

Colle un nœud papillon autour du cou de Sami et un nœud dans les cheveux de Julie.

La bûche de Noël est-elle :

- ☐ au chocolat ?
- ☐ à la tomate ?

Cherche et trouve

Doudou

1 trompette

2 anges

4 clochettes

Il neige !

Écoute cette histoire et nomme les images.

– Wouaaah ! Tous ces flocons, dit Julie à son frère, on va pouvoir faire des batailles de boules de neige et un bonhomme de neige.

– Je vais t'aider à trouver une carotte et un bonnet, lui propose Sami.

– Et moi, pense Tobi, qui va m'aider à retrouver mon os dans le jardin ?

À quoi va servir la carotte sur le bonhomme de neige ?

Le bonhomme de neige

Compléter un dessin

Sami et Julie décorent leur bonhomme de neige.

Colle l'écharpe 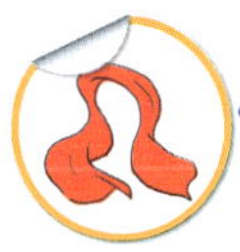 **, le bonnet**  **et la carotte**  **au bon endroit.**

Que ressent-on lorsqu'on touche de la neige ?

La luge

Tracer des traits horizontaux

Il a tellement neigé cette nuit que toute la famille part faire de la luge !

Avec un feutre bleu, repasse sur les pointillés pour dessiner les traces de luge dans la neige.

Les vêtements d'hiver

Reconnaître la lettre E

Quand il neige, il faut s'habiller chaudement.

Nomme chaque vêtement puis colle la lettre E qui manque pour compléter chaque mot.

BOTT___S

BONN___T

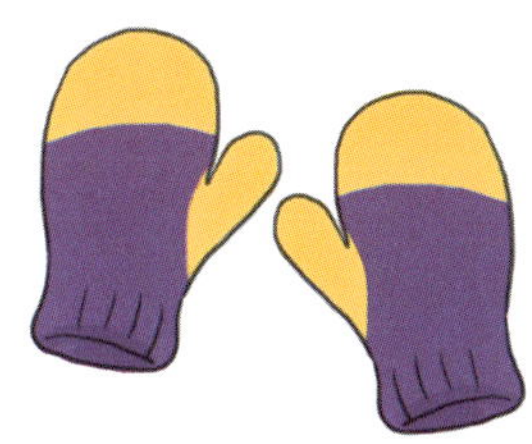

MOUFFL___S

ÉCHARP___

MANT___AU

La bataille de boules de neige

Construire une collection de deux éléments

Toute la famille est sortie et participe à la grande bataille !

Avant qu'ils ne commencent, distribue à chaque personnage deux boules de neige.

Les empreintes dans la neige

Suivre un chemin

Tobi cherche Sami, il suit ses empreintes de pas dans la neige.

Trace le chemin qu'il doit suivre pour le retrouver.

Le sais-tu ?

Pour que l'on puisse se déplacer dans les rues sans glisser ni se faire mal, on racle la neige avec des pelles sur les trottoirs et on met du sel pour que la neige fonde plus vite. Pour dégager les routes, on utilise un gros véhicule qui s'appelle un chasse-neige.

La ville en hiver

Donne un grattoir à Maman afin qu'elle puisse retirer la neige de la voiture.

Retrouve et entoure le bonhomme de neige de Julie en suivant ces indices :

Papa a la même écharpe que Julie et le même bonnet que Sami. Finis de les **colorier** sans te tromper de couleurs.

Cherche et trouve

Les déguisements

Écoute cette histoire et nomme les images.

C'est le carnaval. Pour se déguiser,  Sami a choisi un costume de  pirate.

– Je suis un pirate, dit-il à sa sœur, et je protège les  princesses contre les dragons qui font peur.

– Moi, je suis une princesse- chevalier, précise  Julie, et je défends les pirates qui ont peur des  dragons.

En quoi Sami s'est-il déguisé ?

Le déguisement de pirate

Remettre dans l'ordre des images

Sami s'habille pour le carnaval.

Colle les images dans l'ordre pour expliquer les différentes étapes de sa préparation.

1

2

3

4

Et toi, comment aimes-tu te déguiser?

Le château fort

Tracer un quadrillage

Julie la princesse-chevalier protège son château.

Termine le dessin de la grille en repassant sur les pointillés.

La couronne

Reconstituer un mot

Les princesses ont toujours des couronnes magnifiques.

Avec tes autocollants, colle chaque pierre à la bonne place pour écrire le mot JULIE.

JULIE

De drôles de lunettes

Reconnaître le carré

Sami et Julie ont trouvé pour se déguiser des lunettes avec des formes rigolotes.
Colorie les lunettes qui ont des verres carrés.

La cape et le masque

Former des paires

Pour ne pas être reconnus, Sami et Julie portent un masque et une cape.

Relie entre eux ceux qui sont assortis.

Le sais-tu ?

Pendant la fête du carnaval, on peut sortir déguisé pour défiler dans les rues. On chante, on danse, on fait de la musique, on jette des confettis et des serpentins.

Le défilé du carnaval

Trace des points de toutes les couleurs au-dessus des enfants pour dessiner des confettis.

Combien vois-tu de trompettes dans la fanfare ?

☐ 1 ☐ 2 ☐ 3

Nomme les déguisements des enfants qui sont debout sur le char, puis **colle** dans leur main le bon accessoire.

Cherche et trouve

Les véhicules

 **Écoute cette histoire et nomme les images.**

Sur le quai de la gare, les enfants discutent.

– J'aimerais bien être conducteur de  train, dit  Sami à sa sœur, pour aller plus vite que les  voitures.

– Je préfère être pilote d' avion, répond  Julie, pour aller plus vite que les trains.

– Pffffff... c'est comme à  vélo, tu veux toujours gagner à la course, se plaint Sami.

Pourquoi Sami veut-il devenir conducteur de train ?

Les transports

Associer 2 éléments

Le train roule sur des rails mais l'avion, le bateau, la voiture, où se déplacent-ils ?

Colle chaque véhicule sur la bonne image.

Nomme chaque endroit où tu as collé un véhicule.

Les vélos

Tracer des ronds

Sami et Julie vont garer leur vélo devant le parc.

Trace les roues de chaque vélo en repassant sur les pointillés.

Les véhicules

Reconnaître la lettre O

Sami a décidé de ne prendre que des véhicules avec la lettre **O** dans leur nom comme dans **VÉLO**.

Barre les véhicules qui n'ont pas cette lettre.

MOTO

BUS

TRACTEUR

HÉLICOPTÈRE

MÉTRO

TROTTINETTE

FUSÉE

Les locomotives

Construire une collection de 3 éléments

Sami s'amuse à construire des trains avec 3 wagons accrochés à la locomotive.
Pour l'aider, colle les wagons  **qui manquent.**

L'embouteillage

Différencier derrière et devant

Sami et Julie ont fait une grande queue leu leu de voitures.

Colorie en bleu les voitures qui roulent juste derrière une voiture rouge.

Le sais-tu ?

- Les pompiers interviennent pour éteindre des feux, bien sûr, mais aussi pour secourir des personnes en cas d'inondation, d'accident de voiture, de tremblement de terre…
- Les Canadair sont des avions qui peuvent lâcher beaucoup d'eau sur les feux et éteindre les incendies.

La caserne des pompiers

De quelle couleur sont les camions de pompiers ? **Imite** le bruit de leur sirène !

Avec ton doigt, **suis** le tuyau de Julie pour savoir quel robinet est ouvert.

Dessine les barreaux de la grande échelle. Puis, **colle** la nacelle tout en haut.

Le pompier montre à Sami des objets qui peuvent provoquer un incendie. **Barre** les pancartes qui ne devraient pas être là.

Cherche et trouve

Doudou

1 sirène

2 pigeons

4 casques

La ferme

Écoute cette histoire et nomme les images.

À la  ferme, les enfants sont heureux de découvrir les bébés des animaux.

– Le petit de la  chèvre est un chevreau, explique  Maman, celui de la  vache est un veau, et celui du  lapin est un lapereau.

– Et celui de l'  âne ? demande  Julie.

– Un anneau ! s'exclame  Sami, en pouffant de rire.

Sami a-t-il donné la bonne réponse ?

Les mamans et leurs bébés

Associer deux images

Le bébé de l'âne est l'ânon, bien sûr !

Colle chaque maman à côté de son bébé.

Connais-tu le nom du bébé mouton ?

Le poulailler

Tracer des motifs simples

Pour fêter la naissance des poussins, Sami et Julie voudraient décorer la maison des poules.
Continue les tracés **qu'ils ont imaginés pour le poulailler.**

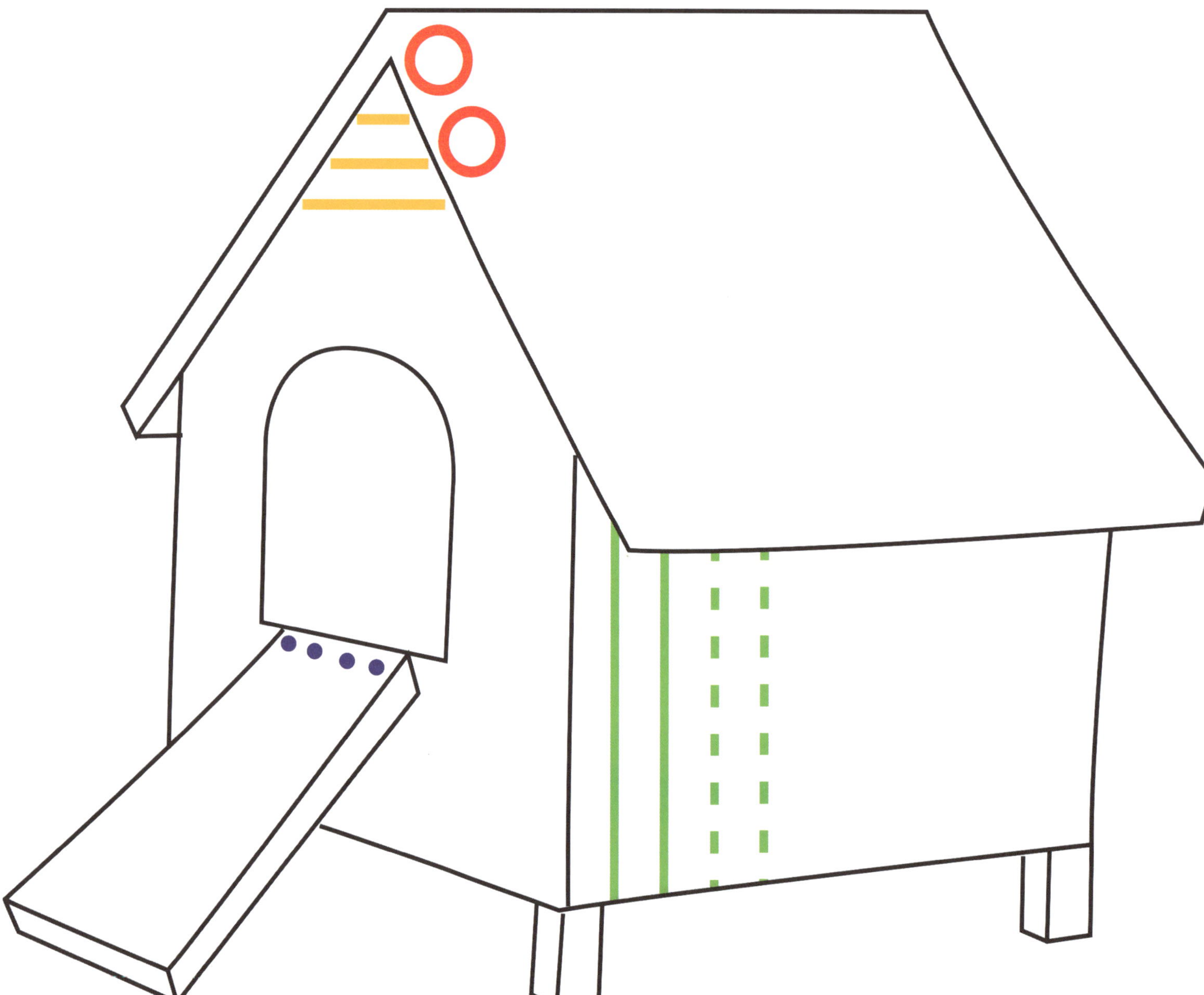

Les prénoms

Reconnaître une syllabe à la fin d'un mot

Sami et Julie ont donné des prénoms rigolos à tous les animaux de la ferme.

Écoute bien les prénoms. Puis relie chaque prénom à l'animal dont le nom se termine par le même son. Suis l'exemple.

CORNICHON • • 

PERCEVAL • • 

EUSTACHE • • 

GASTON • • 

GALOPIN • • 

Le lait des vaches

Distinguer plus et moins

Sami et Julie assistent à la traite des vaches. Le fermier remplit ensuite plusieurs verres de lait.

Entoure en vert celui qui contient le plus de lait et en rouge celui qui en contient le moins.

Chacun son enclos

Trouver un critère de classement

Le fermier a réparti les chevaux dans 3 enclos différents.

Observe bien la couleur de leur crinière, puis avec tes autocollants, colle les chevaux dans le bon enclos.

Le sais-tu ?

Comme les chiens, les oies sont de très bonnes gardiennes. Elles avertissent les habitants de la ferme par de petits cris qu'un visiteur approche.

La ferme

Entoure tous les poussins.

Colle chaque oiseau sur la bonne silhouette.

Montre 2 différences entre les deux petits du cheval.

Nomme les deux aliments dont se nourissent les lapins.

Cherche et trouve

Doudou

2 chatons

3 lapereaux

4 poules

Le parc de loisirs

 **Écoute cette histoire et nomme les images.**

Les enfants assistent à un spectacle de  marionnettes.

– Tu vois, dit  Maman à  Sami, celui qui a un  chapeau,

qui joue toujours avec un  bâton et fait des bêtises,

c'est Guignol.

– Il me fait penser à quelqu'un, dit  Julie

en regardant son frère.

– C'est même pas vrai, je n'ai pas de chapeau,

lui répond Sami en boudant.

Comment s'appelle la marionnette qui a un chapeau et un bâton ?

Les marionnettes

Identifier les différentes parties du corps

Sami et Julie adorent jouer avec des marionnettes !

Reconstitue les marionnettes en collant chaque partie du corps au bon endroit.

Le théâtre

Tracer des lignes brisées

Sami et Julie ont vraiment trouvé le petit théâtre très joli !

Avec tes feutres, termine de le décorer.

Les glaces

Reconnaître la lettre A

Après le spectacle, les enfants achètent une glace. Ils choisissent un parfum qui contient la lettre A.

Colorie le cornet de glace si tu vois la lettre A dans son nom.

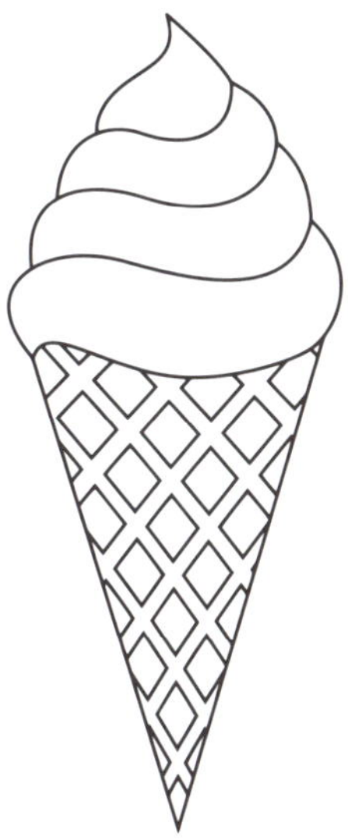

CHOCOLAT

CARAMEL

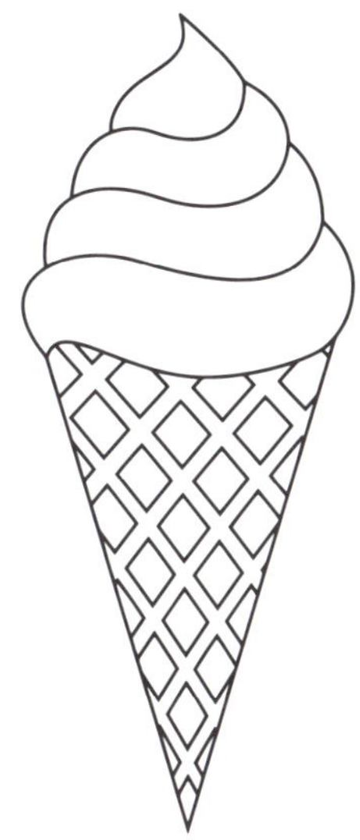

CITRON

NOIX DE COCO

PISTACHE

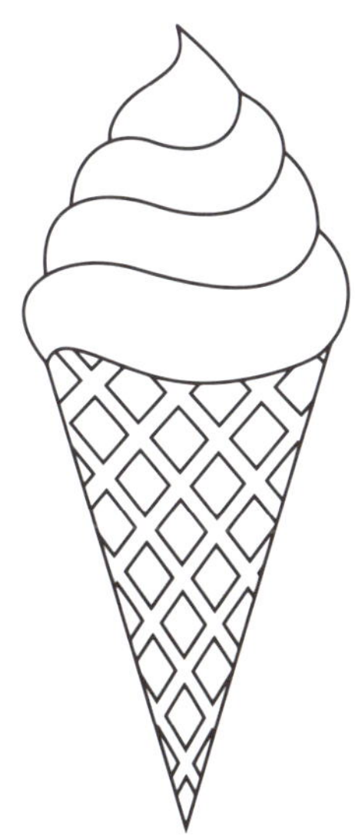

VANILLE

La pêche aux canards

Associer nombres et doigts levés

Les enfants ont déjà pêché quelques canards.

Colle dans les seaux le nombre de canards indiqué par les doigts.

La chenille

Continuer une suite logique

Les enfants sont montés dans le petit train de la chenille.

Colorie les wagons du train en alternant bien un wagon rouge et un wagon vert.

Le sais-tu ?

Ce sont les Esquimaux qui ont inventé les premiers toboggans qu'ils construisaient dans la neige ou la glace.

Le parc d'attractions

Colorie les ballons du marchand : deux en jaune, un en bleu et un en vert.

Nomme les jeux que tu vois dans l'image.

Entoure le cheval de bois blanc et vert.

Colle sur chaque panneau la bonne étiquette.

Cherche et trouve

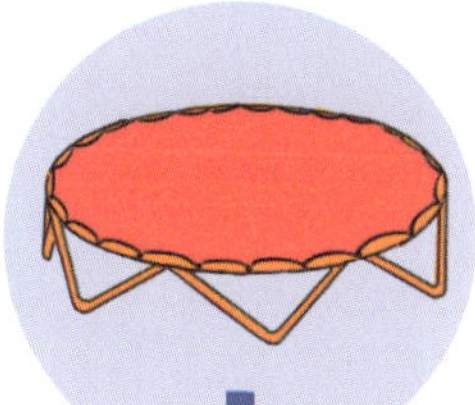

1 trampoline

Sami

le marchand de glaces

Doudou

Vive les vacances !

Écoute cette histoire et nomme les images.

Sami
et

Julie
parlent de leurs vacances avec leurs amis.

– Cette année, nous allons monter en

voiture

sur un énorme

bateau
, raconte Julie.

– Mais la voiture ne sait pas nager, s'inquiète Sami.

– Rassure-toi,

Maman
lui prendra une grosse

bouée
,

répond Julie en faisant un clin d'

œil
à ses amis.

Pourquoi Julie fait-elle un clin d'œil ?

Où partez-vous ?

Échanger autour de l'histoire

Les amis de Sami et Julie partent aussi en vacances.

Écoute bien où ils vont, et colle, à côté de chaque bulle, la carte postale qu'ils pourront envoyer.

LÉNA

Moi, je pars faire du poney à la campagne chez mon papi et ma mamie.

Avec mon papa et ma maman, nous partons à la montagne faire du vélo.

LÉO

BASILE

Je pars avec ma Tatie Mimi camper au bord d'un lac.

Et toi, où aimerais-tu partir en vacances ?

Les bateaux

Tracer des vagues

Toute la famille est montée à bord du bateau qui est prêt à partir.
Avec tes feutres, trace les vagues que laisse chaque bateau.

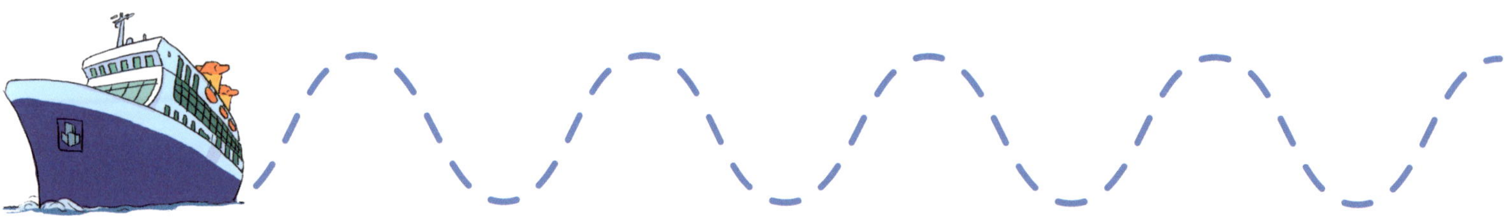

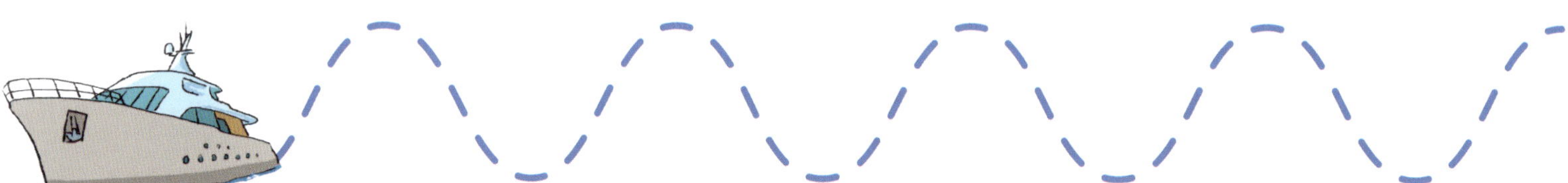

Où est la mer ?

Retrouver un mot et tracer un chemin

Sami et Julie sont prêts pour aller se baigner. Mais quel chemin prendre ?

Colorie les panneaux où est écrit le mot MER, puis trace leur chemin.

Le sac de plage

Classer les objets selon leur taille

Dans le sac de plage, toutes les affaires de Papa et de Sami se sont mélangées.

Pour les aider à retrouver leurs affaires, relie chaque personnage aux objets qui lui appartient.

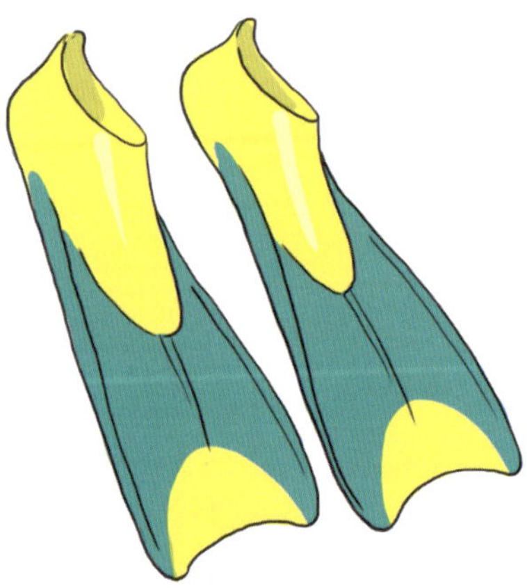

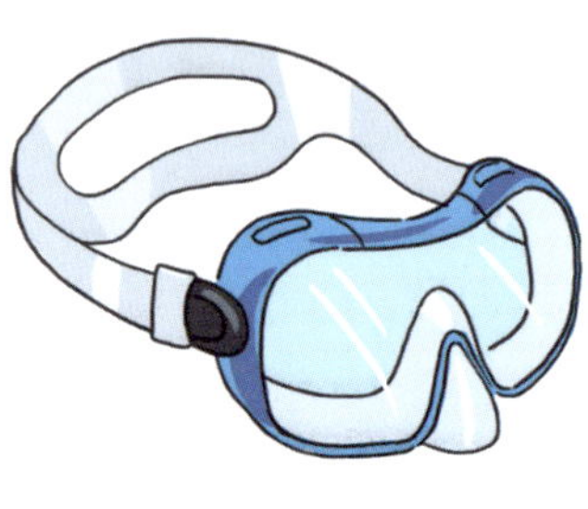

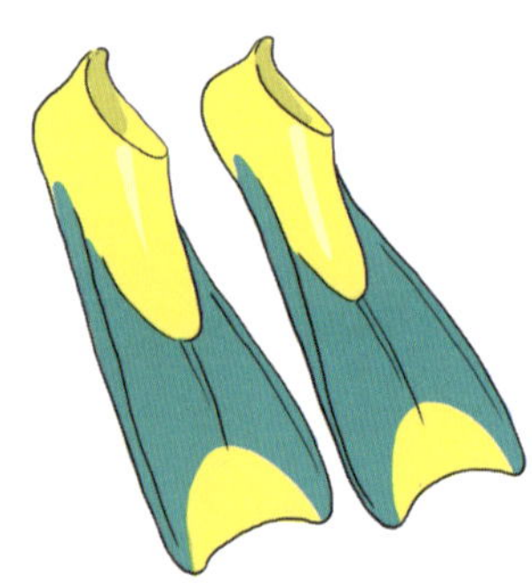

Les ballons

Distinguer dessus et dessous

À la plage, les enfants jouent au ballon sur le terrain de beach-volley.

Colorie en bleu les ballons qui passent au-dessus du filet et en rouge ceux qui passent au-dessous.

Le sais-tu ?

- La coquille Saint-Jacques doit très bien voir, car ce coquillage a plus de 200 yeux !
- Avant d'aller dans l'eau, il faut toujours regarder le drapeau de baignade.

S'il est rouge ou orange , la baignade est interdite ou dangereuse.

S'il est vert , la mer est calme et tu peux aller dans l'eau.

La plage

La baignade est autorisée ! **Colorie** le drapeau de la bonne couleur.

Pour se sécher, Papa va utiliser :

- ☐ un mouchoir de plage
- ☐ une serviette de plage

Entoure tout ce qui permet de se protéger du soleil.

Colle les décorations sur les tours du château de sable pour qu'elles soient identiques.

Cherche et trouve

Coloriage

Colorie cette image comme tu en as envie.

Achevé d´imprimer en décembre 2024 en Espagne par Grafo - Dépôt légal : Janvier 2025 - Édition 01